Ramona Roßbach

In meiner Seele

wohnt ein Traum

Gedichte

Bibliographische Information der Deutschen Nationalbibliothek:
Die Deutsche Nationalbibliothek verzeichnet diese Publikation in der
Deutschen Nationalbibliographie; detaillierte bibliographische Daten sind
im Internet über http://dnb.dnb.de abrufbar.

© 2022 Ramona Roßbach
Herstellung und Verlag:
BoD – Books on Demand, Norderstedt

ISBN: 978-3-7543-2309-0

Inhalt

Im Alltag geborgen

Alltagsparadies

Paradies für fünf Sekunden:
Gleich die erste nimmt ganz ein,
danach drei dann zum Erkunden,
eine noch zum Glücklich-Sein.

Paradies auf Alltagswegen,
zwinkerkurz und himmelweit,
kommt oft ungeahnt entgegen
und bringt Tiefe in die Zeit.

Paradies im ganzen Leben
immer wieder scheint hinein,
wo die Welt beginnt zu schweben
in Sekunden Glücklich-Sein.

Ich möchte fliegen

Ich möchte fliegen mit meinen Gedanken
über die Dächer der Stadt,
das Land entlang und mit den Wassern
bis zum Ozean satt.

Ich möchte fliegen mit meiner Seele
ins innerste, fühlende Herz,
verbunden mit Träumen, die längst mich schon kennen
und frohgemut führn friedenwärts.

Ich möchte fliegen mit all meinem Sein
in diesen Augenblick,
ganz weit hinaus und tief hinein
in Alltags Wunder Glück.

Gartenweit

Weitläufig ist der Park mit seinen Wegen.

Weitläufig ist die Stadt mit Plätzen und voll Leben.

Weitläufiger noch ist der Garten hinterm Haus, ganz klein,

führt hinaus, hinein

in vollendet', werdend' Welt

und das Herz der Ewigkeit,

stille Blume blüht so weit

das Auge reicht

und meine Zeit

wird erfüllt von Lebenstraum,

Schmetterlinges Flügelschlag,

hörbar kaum und greifbar stark

in dem Wind, der alles streift,

Jahr um Jahr von Neuem reift

immer jetzt und überall

in die Zeit hinein, hinaus.

Weitläufig klein ist der Garten hinterm Haus.

Segnung

Wenn heute der Tag dich froh lächelnd empfängt,
so nimm sein Geschenk fraglos an.
Was immer die Seele zuvor hat bedrängt,
die Zeit sich dir stets ändern kann.

Nimm heute die Blumen,
die morgen noch blühn,
im Herzen dir glühn
voller Glück.
Wenn andere Zeiten du einst musst durchstehn,
kehr unbeschwert blühend zurück.

Wenn heut ferner Tag dich froh lächelnd empfängt,
so nimm sein Geschenk fraglos an.
Was immer die Seele zuvor auch bedrängt,
die Zeit sich dir stets ändern kann.

Alltagswunder

Ein Wunder kommt auf Alltagswegen
manchmal ungeahnt entgegen,
öffnet dann sich himmelwärts
und lässt Freude in das Herz.

Spiegel

In Alltags Pfützen:
Bruchstücke
vom Himmel.

Alltags-Seele

Heute bin ich als Seele unterwegs,
mit meinem Innern grüßend
ein jedes Wesen,
das neu und offen mir begegnet.

Egal was

Lasst uns Schneeflocken pflücken gehen
oder Blumen in den Himmel malen,
lasst uns Sterne verlesen und Monde grüßen
oder heut noch in den Mai hineintanzen,
egal was,
nur ganz dabei sein sollten wir
und dabei ganz wir sein.

Einhorn

Sei das Einhorn
aus dem Wunderland,
das zum ersten Mal die Welt erblickt:
Violette, gelbe Blumen
und so viele andre Seelen,
dazu der schönste Sonnenschein,
in deinem eignen Herzen auch.

Am Mittag ein Traum

Draußen-Pause

leer werden
und Lichtfarben empfangen
in Fülle

Pause

träumen
mit offenen Augen
verreisen
in die Weite
eines glückerfüllten Augenblicks
und warten
bis der Urlaub
den Alltag wieder eingeholt

Erinnerungs-Jetzt

In einer Tasse Kaffee,
draußen genossen zur Sommerzeit,
ist gespeichert die Sonne
über den rauen Felsen von Étretat,
gespeichert
frische Brise Meeresluft,
durchwehend die Gassen
französischer Kleinstadt
im Urlaubstagtraum,
sind gespeichert
Spaziergang und Streunen
durch endlose Weiten
voll neuem Entdecken
und stillem Verweilen,
in einer Tasse Kaffee
ist gespeichert
geselligen Mittags Zufriedenheit
im Dort und von hier,
gespeichert
die Intuition
aus Ferienglück
im Alltagswind,
das Wohlbefinden
gespeichert
dieses neuen Augenblicks.

Spaziergang

In diese Stunde des Tages
sei alles gelegt:
Die Freude am Dasein, Erleben,
der Zweifel, über den sie erhebt,
die Hoffnung, die manch Wunschtraum hegt,
und Offenheit für neues Morgen.

Horizonte

Meine Augen trinken Himmel,
klar und blau mit Wolkensinn.
Meine Träume schmecken Weite,
ziehn zu fernen Bergen hin.
Berge spiegeln Wolkenschimmer,
blau und klar, und heut für immer
ganz darin ich selber bin.

Drahtseilakt

Am sonnigsten Tag des Jahres
Schatten suchen
hinter dem hölzernen Strommast.

Den richtigen Augenblick abpassen,
in dem die Welt weder zu laut
noch zu leise ist,
um dem Gesang der Vögel zu lauschen.

Im heraufziehenden Unwetter,
bevor die Wolken schwarz werden,
spazieren gehen
unter dem Regenbogen.

Der Chance eine Chance geben
und, wenn's gelingt,
sich freuen.

Mittagslicht

einer Eidechse gleich
im Sonnenlicht weilen
egal was gestern war
und morgen
ganz egal auch
wer du bist
du selbst
bist jetzt
im Lichte werdend
mit Herbstes Blättern
sonnenspielend
neu

Septemberglück

Sonnenstrahlen ernten
am Ende der Felder
und Träume aus Sommer
am helllichten Tag,
in Nussschalen sammeln,
was kostbar und klein ist
und heut noch im Herzen
zu wachsen vermag.

Januar-Assoziation

Hörst du das Singen der Vögel im Baum?
Schmeckst du die Kirschen im Kuchen?
Der Sommer ist nah, ein lebendiger Traum,
du musst ihn nur ahnungsvoll suchen.

Nur das

Es gibt nichts als den Weg,
auf dem ich geh,
gefroren mit sonnigen Spuren,

nichts als den Raureif
auf dem Feld
am neu aufgehnden Morgen

und nichts als den Sommer
in mir.

In der Stille ein Hören

Vom Zuhören

Höre den Pflanzen zu
und du wirst spüren,
ob sie in Freiheit dir geben
von ihrer Schönheit und ihren Früchten,
und auch, was sie brauchen zum Sein.

Höre den Tieren zu
und du wirst fühlen,
ob sie dir wohlgesonnen sind
an diesem Tag und offen
für Worte deiner Seele.

Höre den Menschen zu,
den Freunden, Kollegen,
und du wirst verstehen,
wer heute zum Dialog ist bereit
und wessen Tür noch eine Weile
lieber leicht verschlossen bleibt.

Höre dir selbst zu
und du wirst wissen
in deinem Innern,
was richtig ist
und was du brauchst
um gut und glücklich zu leben.

Das Innere der Dinge

das Innere der Dinge sehen
den einfachen Holzsteg
glänzend im Licht und von Tropfen
tausendfach
mit Moosgrün geschmückt
und Furchen der Zeit

den Herzschlag des Wassers spüren
und dem großen Rad zusehen
wie es unablässig sich dreht
Neues schaufelnd auf alten Planken
in ewiger Bewegung

im unbedingten Gelb des Löwenzahnes
eines und alles wissen
den Wind aufnehmen
der Gräser wie Hölzer und Steine durchdringt

jenseits unsrer Menschensorgen
vom Paradies umfangen sein
in jedem Augenblick Leben

nichts kann passieren
wo wir das Innere der Dinge sehen

Kontemplation am Wasser

Wasserspiegel
liegt still vor mir,
darin ein Stein,
den Blick anziehend,
einzigartig schroff verspielt,
voll Ruhe immer weiter weisend
in Tiefen aus Unendlichkeit.

Traumwahr

violette Blütentrichter
lichtumspielt
ein Flatterich
sitzt beigebraungolden
Anmut leuchtend
in sich ruhnd die ganze Welt
aus Gräsergrün und Sonnentupfen
Traumesland Erinnerung
ahnt Wirklichkeit
und Seelen-Ich

Gespräch

Die Seele spricht
mit den leuchtenden Farben der Mauern und Blumen
und inneren Gängen der körnigen Steine,
mit Holztores Furchen
und spürt still das Eine,
das wispernd und flüsternd die Welten durchdringt,
alltäglich neu grüßend mich trägt und umhüllt.

Tanz der Bäume

Derwische seid ihr,
euch wiegend im Wind,
still drehend im Takte der ewigen Zeit,
sanft-mächtige Riesen in Höhen und Tiefen,
zu Haus in der Mitte,
wo alles beginnt.

Weiter

„Nicht grau ist der Himmel,
sondern strahlend hell blau",
sagt das Loch in den Wolken
am dunkelnden Tag.

„Nicht blau ist der Himmel",
sagt da meine Seele,
„doch größer und weiter
als alles Verstehn."

Hinweis

Achte die Rose am Wegesrand
und in deinem Herzen
das leuchtende Blühn.

Ähnlich

rosenblättergleich
in der Fünfzahl
die Finger deiner Hand

fein geädert
weit verzweigt
das Muster im Efeu
dein Inneres spiegelnd

im Licht milder Sonne
aus Träumen und Sein

Im Ich ein Du

Heilig

Heilig sind die Worte,
die wir nicht sagen,
sondern bewegen
am Grund unsrer Seele.

Heilig sind die Blicke,
die wir nicht zeigen
und doch verstehen
in Tiefen des Herzens.

Heilig ist das,
was klein und voll Mut,
voll Güte und Hoffnung wächst.

Heilig ist das,
was Gutes tut,
heilig ist hier und ist jetzt.

Dein Wort

Ein Wort nur,
ein Ja von dir
oder ein Nein
und ich ändere für dich
den Horizont meiner Welt,
dabei ganz ich selbst bleibend,
das Du spiegelnd.

Ein Wort nur
oder keins,
ein Blick genügt,
ein Flattern der Seele
und hörend will ich sein,
denn nichts kann uns geschehen,
wo Herzens Wege heilig sind
und das Du zum Ich gehört.

Hoffnungstropfen

Weit und mutig
schwärmt sie aus,
die Liebe,
in das unbekannte Land
und weiß, dass es richtig ist.

Die Tränen hat sie getrocknet,
die selbst sie hervorgebracht,
und verwandelt
in fließenden Herzes Güte.

Mutig und weit,
bereit zu wachsen
ist sie,
die Liebe,
ins Ungewisse, hoffnungsvoll.

Mit Liebe

Nimm die Liebe mit,
lass ihr Zutritt
in dein Herz,
friedenwärts.

Handlungsanweisung

Scheitern erlaubt,
verzeihen jederzeit möglich,
sich selbst und anderen,
neu probieren,
mit Herz,
durchaus erwünscht.

Am Abend ein Anfang

<u>Vergiss nicht</u>

Wenn nach einem langen Tag
das Fenster du öffnest am Abend,
vergiss nicht
zum Sternenhimmel aufzusehen
und das Universum zu grüßen.

Wenn das Fenster du öffnest am Morgen,
noch unbedarft von dem, was kommen mag,
vergiss nicht
die Vögel singen zu hören
und nach den Sonnenstrahlen Ausschau zu halten.

Wenn der Alltag in vollem Gange ist
und du mit ihm,
vergiss nicht
einen Augenblick stehen zu bleiben
und einfach nur zu lauschen.

Wenn dann in stiller Abendstunde
dein Denken träge daherschleicht,
vergiss nicht
mit der Seele zu danken
für das, was Gutes war an diesem Tag.

Abendspaziergang

Beim Mond war ich auf meinen Wegen,
der ganze Himmel war zugegen,
gewölbtes Blau, voll Glück die Seele.
Und das Herz trug weit hinaus.

Wolkenspiel am Abend

helle Tupfen
hingeworfen
wie aus einer Ewigkeit
Gemälde
zu betrachten jetzt
aus Himmelslicht und Sternenstaub

Dahinter

Hinterm Haus
wohnen die Sterne
und in meinem Herzen
scheint leuchtend die Nacht.

Im Schweigen ein Singen

Gesang

Du singst
in den Blättern der Eichen
und in der Buchen Zweige,
im Grashalm,
der im Wind sich wiegt.
Du singst
in tausend Regentropfen
und allem,
was im Herzen liebt.

Frei

die große Freiheit
zu gehen, wohin man will
unter dem weiten Himmel

und die größere noch
zurückzukehren
zum Schein des heimeligen Lichtes,
von dem das Herz sich nie entfernte

Geborgen

in der Weite des Meeres
in der Tiefe des Himmels
in den Wirren des Menschseins
ich kann mich nicht verlieren
denn meine Seele ist schon da
wo die Gedanken
zögernd nur
hinterherzulaufen
suchen
einen fliehenden Bruchteil
erahnend
vom Ganzen

Waldoase

Wald atmen
mit den Bäumen
in den Himmel wachsen
und Wurzeln schlagen
im Leben

Jeden Tag

jeden Tag zu den Bäumen gehen
und ganz da sein mit der Seele
jeden Tag das Leben schöpfen
aus dem Lächeln einer Blume
und dem Leuchten der Gestirne
jeden Tag von Neuem werden
und dabei im Heute sein

Langsam

Geh langsam,
damit der Weg Zeit hat
dir entgegenzuwachsen
mit all seinen Wundern,
den scheinbar
sonst so unscheinbaren.

Himmelnah

Im Himmel will ich mich erden,
zurückkehren
durch der Seele Traum
zur Wirklichkeit
und mit den Engeln,
hell und leicht,
in meinen Tag
ein riesengroßes Danke malen.